MANUEL

DES

JARDINS D'ENFANTS.

BRUXELLES. — TYP. DE VEUVE J. VAN BUGGENHOUDT,
Rue de Schaerbeek, 12

MANUEL

DES

JARDINS D'ENFANTS

LES SIX DONS DE FRŒBEL.

Un très-haut sens gît souvent
Dans un jeu d'enfant.

<table>
<tr><td>PARIS,
C. BORRANI, LIBRAIRE,
Rue des Saints Pères, 9.</td><td>BRUXELLES,
AUG. SCHNÉE, ÉDITEUR,
Rue Royale, impasse du Parc, 2.</td></tr>
</table>

1859

INTRODUCTION.

Tout, dans la nature et dans la vie, est en connexion intime et continuelle. Chaque détail est en même temps un tout en lui-même et le membre d'un tout.

C'est le pressentiment d'abord, la connaissance ensuite des détails dans le tout, du particulier dans le général, de la diversité dans l'unité que Frœbel cherche à éveiller et à cultiver chez l'enfant.

C'est pourquoi il veut que, dès son âge le plus tendre, l'enfant soit amené à considérer, à saisir, à traiter chaque objet de la nature, et lui-même en premier lieu, comme un membre à la fois et comme un corps. Tel est le véritable point de départ, le fondement de tout développement ; c'est sur ce principe que repose le système éducatif que Fræbel propose aux mères et aux institutrices et dont les éléments pratiques consistent en six jouets ou six dons à la première enfance.

MANUEL

DES

JARDINS D'ENFANTS.

LE PREMIER JEU DE L'ENFANT.

LA BALLE.

L'homme, l'enfant se développe, comme tout être. en vertu de lois aussi simples qu'inévitables.

Plus ces lois sont clairement reconnues et complétement appliquées, plus aussi l'homme, l'enfant se développe parfaitement, paisiblement et joyeusement.

Plus l'éducation observe ces lois avec conscience, plus elle arrive sûrement au but qu'elle se propose.

La plus essentielle et la plus simple des lois de développement est : que la force, dans l'enfant, s'augmente d'abord, qu'en s'augmentant elle se déploie, qu'en se déployant elle s'exerce, qu'en s'exerçant elle produise et travaille, qu'en produisant elle s'élève jusqu'à la conscience et conduise à la pénétration.

Dans le principe, l'enfant est lui-même l'objet de son activité ; le développement et l'exercice du corps, des membres et des sens sont les premiers résultats de cette activité, d'où jailliront, plus tard, lorsqu'ils se combineront avec l'activité naissante de l'esprit, la création et la production.

Lorsque les facultés du corps, des membres et des sens sont convenablement fortifiées, développées et exercées, le moment est venu de présenter à l'enfant un objet extérieur et indépendant, en rapport avec le degré de culture physique qu'il a atteint ; un objet qu'il ne puisse pas plus anéantir qu'il ne peut se détruire lui-même, ni qui soit de nature à causer du dommage à quelqu'autre objet ; et par-dessus tout, qui ne s'adresse plus seulement à ses sens, mais qui, en outre, évoque, renforce, étende et exerce ce qu'il y a de moral en lui.

Cet objet est seul et unique, sans partage ni restriction ; c'est la *Balle*, dont le choix, loin d'être arbitraire, est commandé par la nécessité la plus absolue. Pour s'en convaincre, il suffit de se rappeler quelques-unes de ses propriétés essentielles.

La balle est le corps primitif, le germe d'où sort tout ce qui existe, le type et le principe de toutes les autres formes physiques. Elle conduit du visible à l'invisible, de ce qui tombe sous les sens à ce qui est métaphysique ; la balle a une étendue, une forme, une dimension, une substance ou matière, une couleur ; elle produit des sons, elle est un tout parfait en lui-même, elle comprend l'unité et la diversité ; elle est divisible, elle est mobile ; par-dessus tout elle est élastique et automatique ; elle a de la pesanteur ; elle a un centre de gravité invisible et cependant saisissable, de même qu'un centre invisible et cependant reconnaissable ; elle se plie à tout, se transforme de mille façons et devient ainsi tout ce que l'enfant désire, ce qui n'est pas la moins essentielle de ses propriétés, et ce qui contribue à en faire la compagne de jeu qui reste la plus chère à l'enfant, non-seulement pendant ses premières années, mais jusqu'au temps de son adolescence.

On donne de bonne heure la balle à l'enfant, ne fût-ce que pour l'habituer à la saisir, à l'entourer de ses petits doigts, à la prendre et à la tenir ferme; par là déjà les muscles des doigts, des mains et des bras se fortifient, et l'enfant apprend de bonne heure à manipuler effectivement et sous toutes ses faces, un objet en dehors de lui.

Les premiers jeux avec la balle sont en même temps des exercices de langage.

Ainsi :

La balle, pendue au cordon, échappe de la main de l'enfant, et aussitôt la mère dit, en indiquant le mouvement :

« *Bim, bam; bim bam!* » — « *Tic, tac; tic tac!* » — « *Çà et là; çà et là!* » — « *Çà et là; par ci, par là; par ci, par là!* »

Ce simple jeu permet déjà plusieurs variations par son alliance avec le ton, la parole.

La balle au repos :

« *Voilà la balle pendue !* »

La balle s'élevant et s'abaissant lentement :

« *En haut, en bas ; en haut, en bas !* » — « *monte,
descends !* »

Ou bien, en allongeant de beaucoup le cordon, en sorte
que la balle se balance, tantôt en s'approchant, tantôt en
s'éloignant :

« *Près, loin ; près, loin !* » ou : « *La balle vient, la
balle s'en va !* » ou : « *La balle vient, la balle part !* »
ou, en désignant d'une manière générale : « *Elle vient,
elle part !* » — « *Viens, pars !* »

La balle tourne en l'air autour d'elle-même :

« *Tourne, tourne !* »

En jouant avec la balle sur la table ou sur une autre
surface :

« *Tip, tap, tap !* » — « *Hop ! hop ! hop !* » en laissant
tomber la balle toujours à la même place.

« *Tip, tap, tap !* » en laissant tomber la balle à des
places différentes.

« *Saute, balle, saute !* » — « *Saute, saute, saute !* »

en laissant la balle tomber vivement et rebondir par son élasticité.

« La balle ne sait plus sauter ; elle est fatiguée ; elle va dormir ! »

En élevant rapidement la balle sur un autre objet, par exemple sur la boite aux balles :

« Hop, en haut ! » ou bien, en la faisant sauter sur la boite : *« Hop, dessus ! »*

En faisant rouler la balle au bout du cordon horizontalement sur la table, de manière à ce qu'elle tourne autour d'elle-même et autour d'un centre : *« r r r r »* ou : *« En rond, en rond ! »*

En levant vivement ensuite en l'air la balle au bout du cordon vertical, et en la laissant tranquillement tourner autour d'elle-même : *« Tourne, tourne, tourne ! »* — *« tr. tr. tr ! »*

Le roulement sur la table peut se répéter tantôt à droite, tantôt à gauche, et ainsi la balle pendue au cordon tournera également autour d'elle-même, tantôt à gauche, tantôt à droite.

— 15 —

Puis, en tirant la balle sur la table :

« *Tire, tire, tire!* »

Ici, l'on peut placer le cordon dans la main de l'enfant, et en tirant aussi le cordon par-dessus la main, faire tomber la balle :

« *Pouf! la balle tombe!* » ce qui réjouit particulièrement l'enfant, en lui apparaissant comme un résultat de sa propre activité.

On exécute ensuite avec la balle des mouvements oscillatoires, soit étendus du centre au-dehors : « *grand, bien grand, tout grand,* » soit rétrécis du dehors au-dedans : « *petit, bien petit, tout petit!* »

L'enfant, qui a vu déjà le mouvement circulaire, découvre ici le mouvement en spirale (conchoïde).

La balle peut également décrire un ovale : « *bien long, bien long!* » ou « *bien loin, bien loin!* »

Elle peut aussi s'élever et s'abaisser en forme de vis (hélicoïde) : « *en haut, en haut, tout en haut!* » — « *en bas, en bas, tout en bas!* » ou bien, en faisant simplement monter et descendre la balle le long du cordon : « *en haut, en bas; en haut, en bas!* »

La balle roule ensuite sans cordon sur la table : « *roule, roule, roule! rrrrr!* »

On peut faire rebondir la balle contre une surface, contre celle. par exemple de la boîte aux balles : « *viens, balle; reviens près de N..!* » — « *La balle vient!* » — *Prends la balle!* » — « *La balle est tombée!* » — « *Cherche la balle!* » — « *Ramasse la balle!* »

Il faut toujours laisser l'enfant relever la balle lui-même. surtout lorsque c'est lui qui l'a jetée à terre, afin qu'il sente de bonne heure les conséquences de ses actes et qu'il s'habitue à en supporter la responsabilité.

« *Où est la balle?* » — « *La voilà!* »

Ou bien. en cachant la balle dans la main : « *Où est la balle?* » — en ouvrant la main : « *Voilà la balle!* »

Un joli jeu. qui divertit beaucoup les petits enfants consiste à faire tourner la balle dans une soucoupe, en sorte qu'elle coure sans tomber, presque sur le bord de la tasse.

Chacun de ces exercices, pris isolément, peut être répété aussi souvent que l'enfant y trouve du plaisir.

On plonge enfin la balle dans la boîte qu'on referme :
« — *La balle est partie !* » — « *Elle veut dormir !* » —
« *N... est fatigué ; il veut aussi dormir !* »

Ces exercices et beaucoup d'autres de même nature offrent déjà, dans leurs combinaisons, d'innombrables moyens d'occuper l'enfant, en éveillant et en entretenant l'activité de son esprit et de son corps.

Cependant nous avons encore à mentionner une application importante de la balle.

L'enfant se plaît à tout voir dans chaque objet, et à reproduire tout au moyen de chaque objet.

Il existe toujours dans son voisinage et à sa portée, un certain nombre d'objets animés ou inanimés qui sollicitent son attention. Il remarque les allées et les venues du chat ou du chien, l'oiseau qui vole dans l'air ou qui saute dans sa cage, les pigeons, le coq, la poule et les poulets, les chevaux et les voitures, etc. etc. La balle lui représente tour-à-tour le chien à l'attache, le chat qui courir autour de la chambre, l'oiseau qui sautille de branche en branche ou la voiture que tire le cheval.

La balle fournit ainsi à l'enfant un type, un canevas pour l'intuition de tout ce qui peut être représenté et traité comme un tout. Elle lui permet de reproduire les actes et les mouvements des autres corps : être, disparaître, reparaître; chercher, trouver, aller chercher; prendre, empoigner, tenir; rouler, marcher, tourner, etc., etc.

Lorsque l'enfant est assez fort pour se tenir tout seul et qu'il peut se traîner d'une place à l'autre, on étend une couverture ou un tapis dans la chambre, on le place dessus, et on lui donne une balle, avec ou sans cordon, pour s'exercer librement.

On fixe aussi au plafond une corde de longueur suffisante au bout de laquelle pend une grosse balle, de sorte que l'enfant puisse tantôt s'occuper en brandillant la balle, tantôt s'y accrocher pour se tenir debout. Il ap-

prendra ainsi à conserver son équilibre, mieux qu'en
s'appuyant à un corps fixe, à un meuble quelconque,
parce qu'il lui sera plus nécessaire de garder son centre
de gravité; et, dans le cas où il viendrait à tomber, il
sera moins exposé à se faire du mal, entouré comme il
l'est d'un tapis épais.

Lorsque l'enfant assis tient la balle assez fortement,
on le soulève petit à petit en tirant la corde vers le haut,
afin de fortifier les muscles des hanches et des cuisses,
et bientôt il parvient à se lever de lui-même et à se tenir
debout.

A mesure que l'enfant grandit et se développe, l'usage
de la balle devient plus divers, plus libre, on pourrait
dire plus personnel.

L'enfant alors prend plaisir à faire monter la balle sur
une surface en pente, afin de la laisser rouler ensuite en
bas jusque dans sa main; à la faire rebondir contre la
muraille et à la rattraper, etc., etc.

C'est au moyen de son premier jeu que l'enfant ap
prend également à distinguer les couleurs ; car la boit
dont on se sert renferme six balles de laine des six cou
leurs de l'arc-en-ciel : trois couleurs primitives, le rouge
le jaune et le bleu, et trois couleurs intermediaires, l'o
range (rouge et jaune) le violet (rouge et bleu) et le ver
(jaune et bleu).

Une nouvelle série d'études, se présente : l'enfant com
pare les objets sous le rapport de la couleur, en attendan
qu'il apprenne à les comparer sous le rapport de l
forme, du nombre, de la dimension, de la position, etc

LA BOULE, LE CUBE, LE CYLINDRE

Dans la seconde partie de sa première année, lorsque l'enfant commence déjà à s'occuper lui-même, la boule et le cube lui feront à la vérité plus de plaisir que la balle; mais pourtant il retournera encore volontiers à son jouet favori.

La boule et le cube, considérés comme corps, sous le rapport de leur forme sont de véritables contrastes. Cependant, ce sont des corps semblables. Tout ce que la boule porte en germe s'épanouit dans le cube; tout ce que la boule nous laisse seulement pressentir est réalisé dans le cube.

La boule peut être regardée comme l'expression matérielle du mouvement; le cube comme l'expression matérielle du repos.

Le cylindre est l'intermédiaire qui unit les deux contrastes; il n'est absolument pareil ni à la boule ni au cube,
mais cependant il n'est en opposition ni avec l'un ni avec
l'autre : il peut à volonté être mis en mouvement ou
rester au repos, selon la surface sur laquelle il s'appuie.

Les différences extérieures de la boule, du cylindre
et du cube consistent en ce que la boule n'a qu'une surface, tandis que le cylindre en a trois et que le cube en a
six. En outre, le cylindre a deux arêtes, le cube en a
douze; et enfin, le cube a huit coins et vingt-quatre
angles droits, c'est-à-dire trois angles à chaque coin.

Pour extraire, pour faire jaillir en quelque sorte le
cube de la boule, on n'a qu'à tracer sur celle-ci six cercles
de même grandeur qui se touchent les uns les autres par
un point de leur circonférence; en retranchant les parties comprises dans les différents cercles, on aura devant
soi le cube avec ses six faces.

Le mouvement est pour l'enfant le premier indice de la vie; bientôt, le bruit l'est davantage encore et le temps n'est pas éloigné où lui-même prêtera un langage à tous les objets qui l'entourent. L'enfant cherche à obtenir, à l'aide de la parole, des explications de chaque chose, à en connaître la vie et la signification, à découvrir surtout les rapports qui existent entre elle et lui.

C'est au moyen du deuxième don que s'établit, par le mouvement et la parole, cette alliance entre la vie et la chose : l'ouïe de l'enfant est alors développée, il est en état de parler.

Presque tous les exercices qui ont été exécutés avec la balle, peuvent être répétés avec la boule, et beaucoup d'entre eux deviennent plus clairs et mieux déterminés par suite de la pesanteur plus grande et de la dureté de ce nouveau corps.

En même temps, de petits dialogues s'échangent entre la mère et l'enfant :

« Que fait la boule ? » — *« Elle roule ! »*

« Et à présent que fait la boule ? » — *« Elle danse ! »*

« Qui roule ? » *« Qui danse ? »* etc.

Le cube remplace la multiplicité des mouvements de la boule, par la diversité de ses membres, de ses propriétés et surtout de ses modes d'intuition.

Pour donner à l'enfant la notion de ce qui est fixe et immobile, la mère place d'abord le cube devant lui ; puis, avec l'un de ses doigts ou de ceux de l'enfant, elle cherche à pousser le cube en avant, mais sans le déplacer. Quelque faible que soit encore la force de l'enfant, il faut tirer parti, autant que possible, de son activité propre, ne pas le laisser spectateur, mais le rendre acteur dans tous ses exercices.

La mère pose sur la main de l'enfant la boule ou le cube qu'elle lui fait saisir et tenir ferme. Elle lève ensuite le petit bras en l'air, de telle sorte que la main fermée soit tournée par en bas, puis elle lui dit d'ouvrir la main d'où le cube ou la boule s'échappe, et elle prend soin de lui faire remarquer tous ces mouvements. On peut aussi placer le cube et la boule ensemble dans les deux mains, ou les prendre alternativement tantôt dans l'une, tantôt dans l'autre. Quiconque a observé quelque peu, a dû s'étonner bien souvent de voir de tout jeunes enfants saisir beaucoup d'objets différents à la fois, quoique leur main fût trop petite pour les embrasser.

On cherche aussi à fixer sur une de ses arêtes le cube, qui retombe tantôt sur l'une, tantôt sur l'autre de ses faces; à moins qu'on ne lui offre un point d'appui, par exemple, en plaçant derrière lui un côté de la boite ou quelque autre surface.

L'enfant, si jeune qu'il soit, ne tardera pas à se rendre compte de la différence; car souvent, il tirera la boite pour se donner la satisfaction de faire tomber le cube.

Le même exercice se répète, en cherchant à fixer le cube sur un de ses coins. En posant doucement la pointe de l'index de la main gauche sur le coin qui est en l'air, la mère maintient le cube debout. Puis, en donnant de la main droite un coup rapide à l'un des coins libres, elle fait tourner le cube sur lui-même.

Après quelques répétitions, on s'apercevra que l'enfant discerne chacune de ces situations ; car il indiquera de lui-même sa préférence pour l'une ou pour l'autre. Il remarque également quelles sont les conditions de la fixité, aussi bien que de la mobilité, et il s'efforce de les remplir en donnant à son cube la position en rapport avec le résultat qu'il se propose d'obtenir.

Par tout ce qui précède, l'enfant n'a encore été affecté qu'indirectement, de la forme, des membres et des parties de son jouet, qui se sont pourtant montrés à lui sous des aspects si différents. La forme du cube lui apparait encore comme un tout trop grand et trop diversement articulé : l'image a besoin d'être éclairée au moyen d'intuitions spéciales.

A cet effet, la mère prend le cube dans la main, de telle façon qu'une seule surface soit visible. Ensuite, elle en montre deux, puis trois ; et, à chaque fois, elle apprend à l'enfant à les compter, quoique les expressions de nombres ne soient encore pour lui que des différences de sons pour caractériser des phénomènes différents.

Ainsi l'enfant aura une intuition claire, une compréhension complète du cube, de la forme normale d'une grande partie de tout ce qui est matière et espace.

A la vérité, le hasard, les accidents du jeu jetteront pêle-mêle, dans la chambre d'enfants et sur la table, ce qui a été exposé ici avec un certain ordre. Mais la mère aura en elle l'intuition précise, la conscience, non-seulement de la LOI simple et déterminée qui existe derrière ces jeux désordonnés et fortuits, mais aussi de la manière dont cette loi se manifeste; et l'enfant, à son tour, arrivera, en temps opportun, à pressentir que, derrière les phénomènes de la vie, qui semblent incohérents et accidentels, gît la loi mystérieuse, mais claire, simple et grande, qui les gouverne.

Jusqu'ici, nos exercices ont pris le cube à l'état de repos, sous le rapport de son étendue et de sa forme. Mais l'enfant se réjouit encore davantage en le suivant dans ses mouvements libres et variés.

Le mouvement le plus simple est le balancement qui s'exécute d'abord avec le cordon attaché au milieu de l'une des surfaces, puis au milieu de l'une des arêtes, puis enfin à l'un des coins; de manière à présenter à l'enfant le cube en mouvement dans les trois situations essentielles où il l'a déjà observé au repos, c'est-à-dire en le faisant reposer soit sur une surface, soit sur une arête, soit sur un coin.

C'est pour renforcer ces premières impressions en les complétant, que la boîte de jeu du deuxième don contient, dans un petit carquois particulier, deux baguettes et une règle dont l'usage sera expliqué plus tard, et une troisième baguette plus mince, qui peut être fichée à travers le cube dans chacune des trois directions perforées (à la surface, à l'arête, ou au coin). On tient cet axe du cube perpendiculairement, en appuyant l'extrémité inférieure sur la table et en serrant la partie supérieure entre le pouce et l'index de la main droite; puis, en plaçant le bout de l'un des doigts de la main gauche à l'extrémité supérieure, on fait mouvoir et tourner le cube autour de lui-même. Le mouvement de rotation arrondit en courbes les angles et les arêtes, et l'enfant découvre de nouvelles formes et de nouveaux corps, le cylindre, le double cône et l'hexagone.

Dans ces exercices, le cube est mis *indirectement* en mouvement par la baguette qui le traverse ; il peut l'être *immédiatement,* comme la boule l'a été ; il suffit pour cela de passer dans l'un des petits œillets un cordon ou un fil dont on tord les deux moitiés ensemble. On prend ensuite un bout du cordon dans chaque main, on enlève le cube de la table et on le laisse se dévider dans la direction contraire à la torsion du cordon. On active ce mouvement en tirant obliquement les deux bouts du cordon, de manière à les éloigner l'un de l'autre. L'élan imprimé au cube se poursuivra longtemps encore après que le fil aura été détordu, si l'on prend soin de rapprocher immédiatement les mains jusqu'à ce qu'une nouvelle torsion ait été effectuée. On fera ainsi tourner alternativement de gauche à droite et de droite à gauche le cube qu'on présentera sous ses principaux aspects, en appliquant le cordon tantôt au milieu d'une surface, tantôt au milieu d'une arête et tantôt à l'un des coins.

C'est ici le lieu d'indiquer l'usage des deux grosses baguettes et de la règle renfermées dans le carquois, qui sert d'appendice au matériel du troisième jeu. On remarquera que le couvercle et le fond de la boîte qui contient tout l'appareil, sont percés, vers chacune de leurs extrémités, de petits trous placés en regard les uns des autres. Après avoir fermé la boîte, on fixe l'une des baguettes dans chacun des deux trous du couvercle; puis, en travers de ces deux montants, l'on applique la règle qui est également forée vers chacun de ses deux bouts. On forme ainsi une sorte de balançoire. En passant ensuite, dans l'un des petits trous de la traverse le cordon double auquel est suspendu la boule ou le cube, on répète tous les exercices qui ont été exécutés précédemment avec l'aide constante des mains.

Jusqu'à ce moment, la boule et le cube n'ont encore été employés qu'isolément et chacun pour soi. Ils peuvent aussi être combinés.

La plus importante de ces combinaisons résulte de ce que la boule peut reposer facilement sur le cube, tandis que l'inverse est difficile, sinon impossible.

Il ressort de là quelque chose d'essentiel, à savoir : que la boule seule a, dans sa conformation, l'expression matérielle de la *mobilité*, tandis que le cube seul, au contraire, a l'expression du repos, de la *fixité*. Par leur alliance, ils apparaissent comme l'expression matérielle de l'animation, de la *vie*; ils représentent la poupée.

La boule et le cube offrent ainsi une *règle*, une intuition normale, typique et figurative à laquelle viendront se rattacher plus tard toutes les autres intuitions, toutes les autres manifestations des objets divers que présentent les circonstances de la vie. Ainsi l'enfant arrivera, par suite de son propre développement dans le jeu et par le jeu, au pressentiment, à l'intuition et enfin à la connaissance de l'*unité*, de la *fixité* et de la *légalité de tout genre de développement;* il découvrira comment la diversité procède de l'unité, comment elle s'y retrouve et comment elle finit par s'y résoudre.

La représentation d'autres objets par la boule et le cube, a pu déjà être entrevue dans ce qui précède; toutefois il n'est pas hors de propos d'insister sur la multitude d'intuitions qu'ils offrent à l'enfant. Le cube, par exemple, sera tour à tour pour lui une table sur laquelle on met quelque chose pour l'enfant; un petit banc sur lequel la mère place ses pieds; une chaise sur laquelle elle s'assied avec ses enfants; un poêle sur lequel on cuit quelque chose; une caisse dans laquelle quelque chose est renfermée; une commode, une maison, un ballot de marchandises; puis, avec la baguette fichée dans l'un des coins, un enfant qui tourne, une jeune fille qui danse, un chat qui veut attraper sa queue, etc., etc.

L'enfant est ainsi conduit à considérer et à saisir une chose sous plusieurs points de vue, différentes choses sous un seul rapport, et à découvrir ce qu'il y a de commun et de général dans des individus différents.

D'une part, l'enfant demande à réunir ce qui est séparé; de l'autre, il demande aussi à séparer ce qui est encore uni, il cherche à tout ouvrir ou à tout partager. C'est pourquoi la progression ultérieure des jeux et moyens d'occupation doit consister nécessairement dans

LA BOULE ET LE CUBE

divisés, chacun selon ses conditions intrinsèques.

En examinant les formes construites et coordonnées, aussi bien que les formes démolies et séparées, on reconnaît qu'elles sont :

Pour la plupart, des formes qui imitent la vie qui les entoure, des *formes de vie ;*

Ou de belles liaisons à une figure, une en elle-même, des *formes de beauté ;*

Ou bien enfin, des combinaisons et des représentations de la comparaison sous le rapport de la forme, de la dimension, de la situation, etc., des *formes d'intelligence.*

Ainsi se présente à nous l'aperçu suivant pour les jeux et l'entretien de la soif d'occupation de la première enfance :

La Balle

La Boule   **Le Cube**

La Poupée

(expression générale de ce qui est animé)

divisés, l'un et l'autre selon le principe interne de leur destination, et de nouveau réunis, l'un indépendamment de l'autre en :

Formes

d'intelligence
de beauté
de vie

d'intelligence
de beauté
de vie

en harmonie avec le sentiment, l'âme

en harmonie avec la pensée, l'esprit

de l'enfant.

LE CUBE DIVISÉ PAR LE MILIEU

DANS TOUS LES SENS.

Dans ce nouveau jeu, le cube-type se trouve partagé en huit dés de même dimension. L'enfant distingue ainsi la *partie* du *tout*, sans aucune sorte d'explication, par la seule inspection de son jouet; car chacun des petits dés est une partie du cube total, dont ils reproduisent exactement la *forme*; on peut répéter, avec tous les dés séparément, les expériences qui ont déjà été faites avec le cube, en sorte que l'enfant distingue également, d'une manière intuitive, la *grandeur* de la *forme*. Il saisit en même temps la *situation* et, ce qui est encore plus important, la *disposition*, l'*arrangement*, l'*ordre*; car il

découvre un haut et un bas, un dessus et un dessous, **un
devant et un derrière**; il peut, à volonté, rendre intérieur
ce qui est extérieur et extérieur ce qui est intérieur, et
renouveler cet exercice autant qu'il lui plait. L'intérieur,
aussitôt qu'il est perceptible aux organes des sens, devient
extérieur; en tant qu'intérieur, au contraire, il ne peut
jamais être perçu par les sens extérieurs.

A l'aide de ce premier des jeux articulés, l'enfant em-
brasse donc de plus en plus le *général* dans le *particulier*
(par exemple, dans le milieu de chaque surface particu-
lière, le milieu d'un carré en général) l'*unité* dans les
individus, le *tout* dans les *parties* et réciproquement; il
conçoit ce qu'il pense et ce qu'il sent comme une forme,
comme un corps (par exemple, le tout comme un cube)
il perçoit ainsi l'*invisible* dans le *visible*.

Pour donner d'un seul coup à l'enfant l'impression du
tout, parfait en lui-même, (car c'est là l'intuition fonda-
mentale d'où tout dérive et doit dériver) on ouvre le couvercle de la boite jusqu'au quart environ, on la retourne,

on la place, avec le couvercle ainsi entr'ouvert, sur la table, devant l'enfant, et l'on tire à soi le couvercle en-dessous de la boîte : les dés tombent aussitôt sur la table sans se déranger. Puis, on enlève soigneusement la boîte dans une direction bien perpendiculaire. L'enfant aper-çoit alors le cube complet, mais facile à diviser et à ré-tablir ensuite dans son entier.

Cette exhibition attentive du jouet n'est point un détail accessoire, mais au contraire une opération essentielle. Car la première impression que l'enfant reçoit d'un nou-veau jouet est la plus vive et la plus persistante.

L'enfant pourra s'occuper quelque temps à arranger et à déranger, à placer et à déplacer ses dés. Mais il éprouvera aussi le besoin de composer *quelque chose*, par exemple une table, un banc, une chaise, etc., et de met-tre cet objet en rapport avec lui-même, avec sa propre vie, de lui assigner un but. Ainsi, la chaise est celle sur laquelle s'assied la grand'maman pour lui raconter des histoires. Chaque nouvelle représentation peut alors servir de texte à une historiette.

On laisse d'abord l'enfant suivre sa fantaisie dans la représentation des objets qui lui sont familiers; l'expérience ne vient qu'avec le temps. Cependant, on peut le diriger et lui demander de faire à son tour une table, une chaise, etc., et s'attacher petit à petit à lui faire transformer tout ce qu'il a construit, au lieu de défaire et de refaire, de telle sorte qu'une représentation engendre toujours l'autre.

Ce que l'enfant voit, il veut le tâter, le saisir, le comprendre : l'un des dés se dérange et tombe sur la table; il cherche à le remettre en place; il s'amuse à séparer et à réunir, à diviser et à rassembler. La mère a soin de traduire par la parole chacune de ses actions, de lui indiquer la position relative des dés (en haut, en bas; devant, derrière; dessus, dessous; à côté, etc.) et, si elle complète la parole par le rhythme et la mélodie, en chantant chacune de ses instructions, l'enfant ne tarde pas à l'imiter et à exécuter de lui-même ce qu'il a entendu.

On chante, par exemple :

1   2   3 (*)
Un, un, un,

ou :

un et un et encore un,

ou :

1 3   3   3   3   1
un, deux, | trois, | trois, deux, | un,

ou bien encore :

3 3 3 3 3   2 2 3   3   3
en | haut, en bas : en | bas, en haut : en | haut, etc,
dessus,   dessous : dessous, dessus : dessus,   etc.

Il est nécessaire, toutefois, de faire intervenir toujours les huit dés, c'est-à-dire de les mettre tous en rapport avec

(*) Les chiffres indiquent les degrés de la gamme : la tonique est toujours indiquée par 1, le second degré par 2, le troisième par 3 et ainsi de suite.

le tout, de même que dans la vie réelle il n'existe rien qui ne soit en relation avec quelque chose. Notre regard est quelquefois trop faible, notre œil trop myope ou trop presbyte pour le reconnaitre; mais il n'en sera pas toujours ainsi.

Cette condition est essentielle; car, en premier lieu, l'enfant s'habitue par là à avoir toujours devant les yeux un but déterminé: ensuite, il contemple l'objet qu'il se propose de représenter sous divers rapports, et, enfin, il apprend à se servir de tous les matériaux dont il dispose, à ne rien laisser sans emploi. Il conçoit alors d'une façon claire, et opère d'une manière consciente.

Une autre fois, l'enfant assemble ses huit dés; il produit une forme; aucune des parties n'est de trop, aucune ne manque, chacune est bien à sa place: seulement, on ne peut pas dire que cette forme représente une chose, un objet déterminé. C'est quelque chose, mais il ne sait pas quoi. Il s'aperçoit néanmoins que sa création est belle; c'est une image, une forme de beauté.

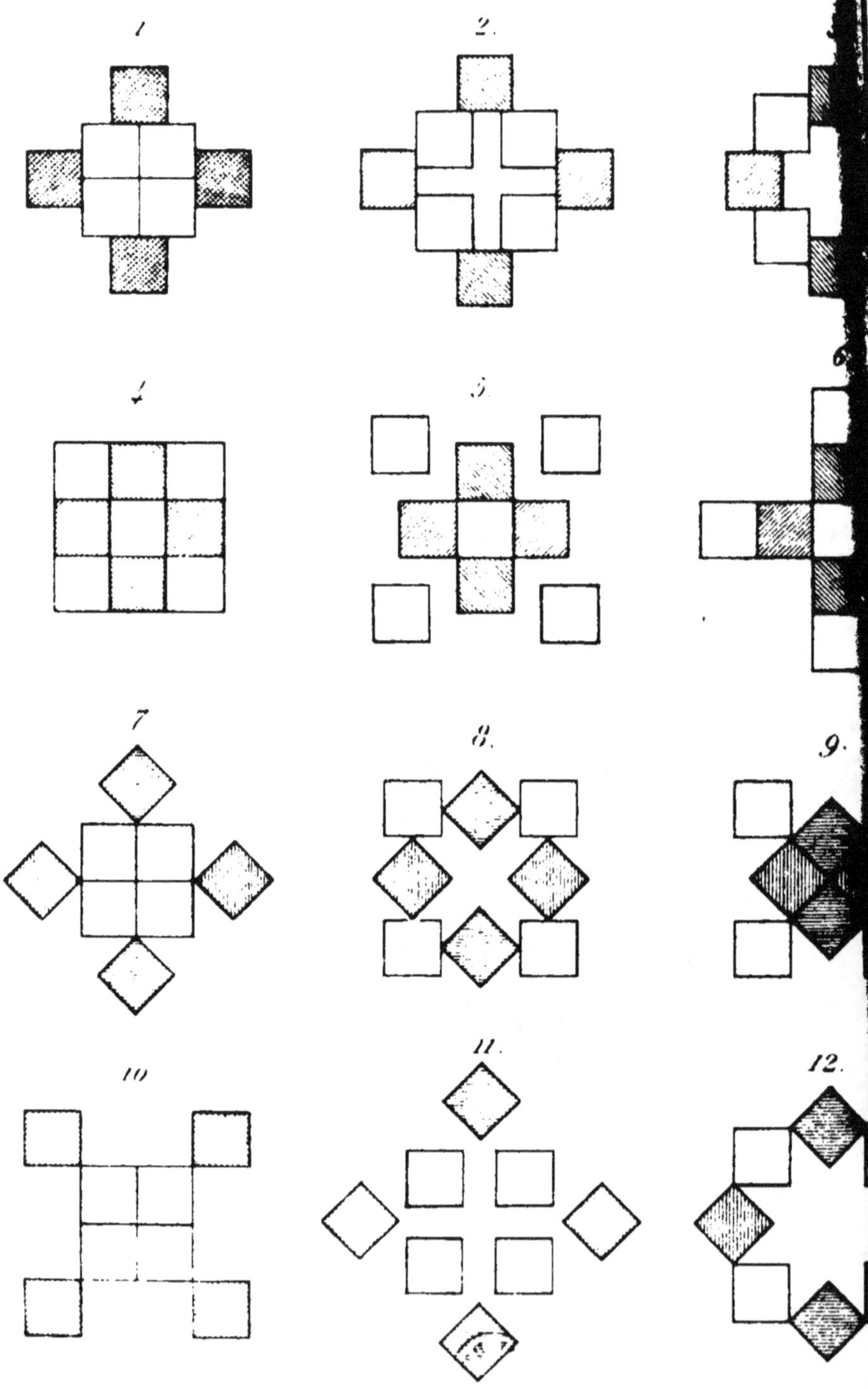

Ici, quatre dés sont fixes au milieu, et les quatre autres mobiles autour des premiers ; les uns s'unissent aux autres, tantôt côté à côté (fig. 1) tantôt côté à angle, (fig. 7) et enfin angle à angle (fig. 10).

Des transformations s'opèrent en faisant mouvoir les dés intérieurs du dedans au dehors, tandis que les dés extérieurs exécutent le mouvement inverse et pénètrent peu à peu au dedans.

On peut également poser comme problème à l'enfant, d'accomplir cette double évolution interne-externe, sans se préoccuper des oppositions d'angles et de côtés Il imagine une alors série telle que fig. 1, 7, 11, 2, 5, 12, 8, 4.

Il existe une troisième catégorie de formes qu'on ne peut ranger ni parmi les formes de vie, ni parmi les formes de beauté, parce qu'elles ne représentent ni des objets ni des images. Le cube se trouve tout à coup divisé ; à la place du tout apparaissent deux parties entièrement pareilles, deux moitiés, qui, bien qu'égales entre elles, ont néanmoins une forme différente de celle du cube, et se présentent aussi d'une façon différente, selon qu'on sépare le cube à droite et à gauche, en haut et en bas, ou en avant et en arrière, c'est-à-dire dans la longueur, dans la largeur ou dans l'épaisseur. Ici, c'est donc la différence de situation qui produit la différence d'aspect.

Ces diverses dispositions de parties égales enseignent à l'enfant que les corps ou les agrégations peuvent être considérés sous le rapport de leur *forme*, de leur *dimension* et de leur *situation*, mais ensuite aussi, sous le rapport de leur *connexion*.

Ce sont ces formes instructives qui sont appelées formes scientifiques, formes d'intelligence.

Sont-elles également propres à devenir les objets de l'activité propre de l'enfant d'un à trois ans ?

Sans contredit.

On assemble les huit dés et l'on dit :

« Un tout ! »

On les divise en deux parties égales :

« Deux moitiés ! »

On réunit et on sépare à plusieurs reprises, en chantant :

« Un tout, deux moitiés ; un tout, deux moitiés ! »

Une autre fois :

« Un tout, deux demis ; un tout, deux demis ! »

On a soin aussi de modifier la disposition des deux moitiés, en coupant le cube tantôt dans la longueur, tantôt dans la largeur, tantôt dans l'épaisseur.

Puis, successivement, en désarticulant le cube dans tous les sens :

« Un tout, deux moitiés, »

« Une moitié, deux quarts, »

« Deux moitiés, quatre quarts, »

« Un tout, quatre quarts, »

« Quatre quarts, huit huitièmes, »

« Huit huitièmes, un tout. »

Ces indications suffisent pour expliquer la distinction entre les formes physiques, les formes esthétiques et les formes scientifiques, et diriger les mères et les institutrices dans l'emploi du troisième don (1).

A quoi servent tous ces exercices ?

A offrir à l'enfant ce qui est vivant et animé, et à ne lui offrir que cela : rien de mort ni de vide ; qu'il ne voie et n'entende rien qui n'ait sa signification et son importance. Il ne s'agit donc, en aucune façon, d'enseigner déjà à l'enfant, surtout à l'aide des formes d'intelligence, des rapports de dimension ou de nombre, mais d'unir toujours un son déterminé à une intuition déterminée, en sorte que l'audition de ce son évoque sans cesse en lui l'intuition précise à laquelle on l'a une fois appliqué, et que jamais l'enfant ne perçoive rien d'indéterminé, de vague ou d'incertain.

(1) Pour l'intelligence complète de ce jeu et des jeux suivants, il est bon d'avoir sous les yeux les lithographies qui accompagnent les jouets de Frœbel

LE CUBE DIVISÉ EN 8 TABLETTES

Chacune des propriétés du tout ou du cube s'est montrée huit fois dans les huit petits dés ou dans les huit parties du cube dont chaque face a été coupée par moitié, selon les trois directions.

Mais ces trois directions apparaissent encore comme entièrement égales et semblables entre elles ; elles ne diffèrent en rien ; de sorte que chacune peut être mise à la place de l'autre et qu'on peut les prendre aisément l'une pour l'autre. C'est seulement en assemblant les huit dés, en contruisant, que se produit, entre les trois directions rectangulaires, une différence de longueur, de

largeur et de hauteur, ou de longueur, de largeur et d'é-
paisseur.

De là résulte la nécessité d'introduire dans la série
des jeux et des moyens d'occupation un nouvel élément,
un nouveau mode d'intuition, à l'aide duquel l'enfant
puisse découvrir, entre les trois directions rectangulaires, des différences de dimension permanentes, soit
dans la longueur, la largeur et l'épaisseur, soit dans la
longueur, la largeur et la hauteur. Ce mode d'intuition est
fourni par le partage du cube en huit tablettes oblongues,
égales entre elles.

La division du cube par moitiés dans la hauteur, par
quarts dans la largeur, produit une différence de dimension dans les petits billots de construction et, par suite,
assigne au jouet et aux jeux une signification entièrement
nouvelle.

Chaque tablette présente trois aspects différents : com-
parée à l'une des surfaces de l'un des dés du troisième
don, l'une des faces a une grandeur double, la seconde
une grandeur égale et la troisième la moitié de la grandeur.

Les figures du jeu précédent étaient, en général, massives et épaisses ; les figures de ce jeu-ci seront pour la plupart longues et étendues. Les premières, solides et compactes, remplissaient l'espace ; celles-ci, plus creuses, le limitent et le contiennent.

La division du cube en tablettes permet la représentation d'un nombre plus considérable de formes de vie, de formes d'intelligence et de formes de beauté. Car les dés présentent toujours le même aspect, quelle que soit celle de leurs six faces sur laquelle ils reposent, tandis que les tablettes ont une apparence diverse et, par leur combinaison, donnent lieu à des formes dissemblables, selon qu'elles reposent en long ou en large, sur chacune de leurs trois surfaces différentes, ou, pour parler le langage des enfants, selon qu'elles se trouvent assises, debout, ou couchées.

Pour se faire une idée de la variété qui résulte de cette triple situation, on n'a qu'à se reporter, par exemple, aux formes de beauté du troisième don. En plaçant les tablettes comme on a placé les dés antérieurement, on obtient :

Deux formes nouvelles avec les tablettes assises;

Deux formes avec les tablettes debout;

Deux formes avec les tablettes couchées;

Soit, en totalité, six formes renfermées en germe dans une seule des formes du jeu précédent.

Si l'on considère que chacune des formes de beauté du troisième don peut servir de type, on comprendra que les représentations, à l'aide du quatrième don, sont pour ainsi dire innombrables.

LE CUBE DIVISÉ EN 27 DÉS.

D'après une loi simple et inévitable, l'enfant, le jeune homme, en partant d'une unité fixe, invariable, mais aussi éternellement invisible, s'avance dans le grand tout du monde et de la vie, vers le but de son développement, qui consiste à découvrir avec certitude l'unité dans les détails et dans la diversité.

Les jeux, les jouets sont les moyens à l'aide desquels l'enfant pénètre dans sa propre vie aussi bien que dans celle de la nature et de l'univers.

C'est pourquoi nous avons guidé jusqu'ici l'enfant d'une manière absolument semblable et conforme aux exigences de son intérieur, au moyen de jeux et d'occupations simples, résultant d'une unité obligée, et progressant en vertu de lois fixes et intrinsèques.

Ces jeux allaient de la balle molle, qui repose en elle-même de tous les côtés également, de la balle simple et absolue, à la boule non moins simple, mais dure, ferme, et pourtant très-mobile; puis au cube fixe, articulé quoique encore indivisé; ensuite, au cube partagé en huit dés égaux et enfin au cube partagé en huit tablettes oblongues.

En jetant un regard sur la succession de ces jeux, on y découvre la progression suivante :

La *Balle*, simple, renfermée en elle-même, mobile et élastique;

La *Boule*, non moins simple et non moins concentrée, mais dure, ferme et cependant très-mobile;

Le *Cube*, où les lignes droites, encore invisibles dans la boule, deviennent visibles et permanentes, mais toujours d'égale longueur entre elles;

Le *Cube partagé une fois :* Les lignes droites et les surfaces, que le cube non divisé ne montre qu'extérieurement, peuvent être aperçues intérieurement aussi dans le cube divisé, et tout ce que le premier ne montre qu'une seule fois est confirmé plusieurs fois par le second. En outre, les lignes et les côtés droits, qui jusque-là étaient restés d'égale longueur, apparaissent déjà comme inégaux, mais encore d'une manière passagère et seulement à l'aide d'une combinaison;

Les *Tablettes* dans lesquelles les lignes droites sont enfin différentes et inégales par elles-mêmes.

On a déjà remarqué que chaque jeu procède d'un autre et, en même temps, qu'il en engendre un troisième. Il est donc nécessaire que le cinquième jeu, à son tour, se rattache d'une façon immédiate à celui qui a été indiqué précédemment.

Le quatrième jeu consistait dans le cube divisé *une seule fois* dans tous les sens. La progression naturelle est de 1 à 2; par suite, le jouet actuel doit être un cube divisé deux fois également de chaque côté, et comprenant par conséquent 27 dés égaux.

Mais, par cette nouvelle division, on n'obtiendrait qu'une augmentation des parties et non une extension progressive du jouet; il faut donc y ajouter une condition nouvelle et pourtant déjà indiquée, déjà donnée antérieurement, ne fût-ce que d'une manière fugitive.

La ligne verticale et la ligne horizontale sont, à la vérité, des lignes droites l'une aussi bien que l'autre; mais pourtant elles sont entre elles des oppositions. Or, d'après les lois générales du développement, les oppositions exigent une médiation.

L'oblique intervient entre les lignes droites qui la réclament.

L'*oblique* s'est déjà annoncée, au moins en passant, dans les jeux précédents, et notamment dans les formes de vie ou de beauté, où les surfaces se liaient aux arêtes ou les arêtes aux surfaces.

Ainsi, l'oblique complète et permanente est un élément indispensable du nouveau jouet. Pour l'obtenir, il suffit de couper les dés au moyen d'une diagonale, en deux parties égales, de forme prismatique.

Mais combien de fois cette division doit-elle s'effectuer ?

— D'abord, elle ne peut pas se faire d'un seul côté, c'est-à-dire ne donner que des moitiés, mais elle doit apparaître aussi de deux côtés, c'est-à-dire en donnant des quarts.

Ensuite, chez combien de dés doit elle se produire ?

— Comme le nombre fondamental du tout, du cube, est trois, la réponse arrive d'elle-même : trois dés seront partagés de la même façon ; en sorte que, dans un tiers du cube, trois dés resteront intacts, trois dés seront divisés par moitiés et trois dés seront divisés par quarts.

Il résulte de cette opération que le cinquième jouet se compose de 21 dés partagés en demis, et de 3 dés partagés en quarts par des diagonales, qui forment ensemble un cube de 5 fois 5 fois 5, ou de 27 dés.

L'usage du cinquième jouet, comme de tous les autres, commence toujours par la perception claire du tout renfermé de toutes parts en lui-même ou, dans le cas présent, par l'érection devant soi du cube compact.

On prend donc soin, lorsqu'on emballe le cube dans sa boîte, d'en placer les parties ou les divisions de même nature sur le même rang ; soit, au fond de la boîte, un rang de dés entiers, un rang de moitiés et un rang de quarts de dés. Le reste de l'espace est rempli par les 18 autres dés entiers.

Lorsque les dés sont renfermés dans cet ordre, on retourne le cube, on tire le couvercle à soi ; et lorsqu'on enlève la boîte en l'air, l'enfant aperçoit devant lui le cube bien arrangé.

On distingue alors dans le cube trois couches superposées qui contiennent chacune trois fois trois dés.

Par suite, le cube peut être divisé de trois manières différentes :

1° Toutes les moitiés et tous les quarts se trouvant dans la partie supérieure (indépendamment des trois dés entiers);

2° Une partie ne contenant que des dés entiers, la seconde des entiers et des moitiés, et la troisième des entiers et des quarts;

3° Chaque partie du cube renfermant sept dés entiers, deux moitiés et quatre quarts.

En subdivisant les trois couches ou les trois grandes tablettes, les décompositions et les recompositions sont innombrables.

Un problème très-intéressant, par exemple, consiste à chercher combien on peut trouver dans le cube, de tablettes, soit toutes de même grandeur, soit toutes de grandeurs différentes, soit à la fois de même grandeur et de grandeur différente.

Ainsi :

1° Toutes les tablettes égales :

3 tablettes de trois dés chacune.

2° Toutes les tablettes inégales :

2 tablettes : une de vingt-cinq, une de deux dés.
une de dix-huit, une de neuf dés.

3 tablettes : une de seize, une de neuf et une de deux dés.

4 tablettes : une de seize, une de huit, une de deux et une d'un dé.

5 tablettes : une de seize, une de quatre et demi, une de quatre, une de deux et une d'un demi dé.

3° Les tablettes égales et inégales :

5 tablettes : une de vingt-cinq et deux d'un dé chacune.

4 tablettes : deux de neuf et deux de quatre et demi.

deux de neuf, une de huit et une d'un.

une de seize, deux de quatre et demi et
une de deux.

5 tablettes : une de seize, deux de quatre et demi et
deux d'un.

une de seize, une de huit, une de deux
et deux d'un.

deux de neuf, une de quatre et demi,
une de quatre et une d'un demi.

6 tablettes : deux de neuf, une de quatre et demi,
deux de deux et une d'un demi.

7 tablettes : une de neuf, une de huit, une de quatre,
deux de deux et deux d'un.

deux de quatre et demi, quatre de quatre
et une de deux.

8 tablettes : une de neuf, une de huit, une de quatre, une de deux et quatre d'un.

une de quatre et demi, cinq de quatre, une de deux et une d'un demi.

six de quatre, une de deux et une d'un.

9 tablettes : une de neuf, une de huit, une de quatre, une de deux, trois d'un et deux d'un demi.

10 tablettes : cinq de quatre, trois de deux et deux d'un demi.

11 tablettes : quatre de quatre, quatre de deux et trois d'un.

12 tablettes : cinq de quatre et sept d'un.

Etc., etc.

Selon qu'on change les conditions du jeu, on arrive sans cesse à de nouvelles combinaisons. On peut convenir, par exemple, que, lorsque deux tablettes ou davantage se succéderont, l'une devra toujours être la moitié de celle qui précède, comme :

> Une tablette de dix-huit et une de neuf dés ;
> Une tablette de seize et une de huit ;
> Une tablette de huit, une de quatre, une de deux, une d'un et une d'un demi.

Jusqu'ici, l'enfant a été poussé à rechercher des formes semblables, quoique de capacités différentes. On peut aussi l'exciter à découvrir des formes différentes, quoique d'égale capacité.

Il est à remarquer que le cube du cinquième don, étant formé de trois fois trois fois trois ou de vingt-sept dés, sert à composer des formes équilatérales à trois côtés ou formes ternaires, et, en même temps, comme cube, des formes équilatérales à quatre côtés ou formes quaternaires.

A l'opposé de celles des jeux antérieurs, les formes de beauté du cinquième don auront donc la propriété essentiellement distincte de se diviser en deux grandes séries : celle des formes ternaires et celle des formes quaternaires, qui procèdent les unes et les autres des formes d'intelligence. Car le carré de neuf dés, dont chaque côté a la longueur de trois dés, se divise en deux rectangles qui contiennent chacun quatre dés et demi, en sorte que le cube total se partage facilement en une tablette carrée de neuf dés et quatre rectangles de quatre dés et demi.

LE CUBE DIVISÉ EN 27 TABLETTES

De même que le cinquième jeu se rattachait au troisième par la forme cubique de ses parties constitutives, de même le sixième se rapproche du quatrième par la forme oblongue des tablettes qui le composent. A proprement parler, le cinquième et le sixième don ne sont respectivement que des subdivisions du troisième et du quatrième.

Cependant, nous avons remarqué, dans le jeu précédent l'intervention de l'oblique, propriété nouvelle, quoique déjà entrevue auparavant.

En suivant la même marche rationnelle et progressive, il faut que le sixième don, pour satisfaire à l'avide curiosité de l'enfant et lui présenter sans cesse de nouveaux sujets d'étude et d'instruction, possède, en premier lieu, toutes les propriétés des jouets antérieurs et contienne ensuite un élément propre, qui ne se soit pas encore révélé, au moins d'une manière complète.

Or, le cube du sixième don satisfait à cette double condition : il se lie intimement à celui du quatrième don par la forme, à celui du cinquième don par le nombre des parties.

Il se compose de vingt-sept tablettes.

Mais de ces tablettes, dix-huit seulement sont entières : trois d'entre elles sont subdivisées verticalement et six horizontalement par le milieu, en sorte qu'il y a exactement autant de demi-tablettes que de tablettes entières, c'est-à-dire :

Dix-huit tablettes oblongues d'une part : et de l'autre, six petites colonnes et douze tablettes carrées ou douze moitiés de dé.

Par cette double division, on n'obtient pas seulement une augmentation de nombre, mais une multiplication de forme, qui fournit à l'enfant les moyens d'exécuter, avec un matériel si simple, les constructions les plus ingénieuses et les plus aériennes.

FIN.

TABLE DES MATIÈRES.